VICTOR

CHANT FUNÈBRE

NANTES

1862

VICTOR

CHANT FUNÈBRE

NANTES

—

1862

10507 — Nantes. Imp. CHARPENTIER, rue de la Fosse, 52.

A

LA MÉMOIRE

DE

MON FILS VICTOR

———

M DCCC LXII

PROLOGUE

Pourquoi sur ce navire, où règne la tristesse,
Ces pavillons baissés en signe de détresse,
Ces vergues figurant un emblème de deuil?
Ces matelots suivis d'une foule attendrie,
Que ramènent-ils donc au sein de la patrie?
Ils lui ramènent un cercueil.

CHANT

Je chante le trépas d'un jeune capitaine.
La mort nous le ravit sur une mer lointaine,
Alors qu'il espérait, aveugle en ses désirs,
Occuper du travail les utiles loisirs.

Créateur infini, vous dont les mains puissantes
Attristent de mes jours les heures languissantes,
Daignez rendre le calme à mon esprit troublé,
Et bénir les efforts d'un vieillard accablé.

Aux bords américains on découvre ces Iles
Dont l'engrais précieux rend nos terres fertiles;

C'est de là qu'un navire, attendant le moment,
Doit partir, encombré d'un vaste chargement.
Le *Médoc* est son nom, et Victor le commande.
Par ses dehors heureux Victor se recommande.
D'un second capitaine utilisant l'appui,
Il le juge, l'estime et se confie en lui.

Victor, accompagné d'un ami de son âge,
De deux jeunes marins forme son équipage,
Et livrant à l'oubli les fatigues du jour,
D'un abondant gibier leur promet le retour.
On donne le signal. L'aurore étincelante
Les voit quitter joyeux la carêne opulente.
Ils voguent ; le canot, par la voile emporté,
Seul des plaines d'azur trouble l'immensité.

Déjà du firmament s'embrase l'étendue.
Le gibier poursuivi disparaît à la vue.
Lassés de vains efforts, abattus, les chasseurs
Du navire éloigné regrettent les douceurs.
On s'empresse au retour. Comme un sinistre augure,
S'élève d'un oiseau l'effrayante envergure ;
Son plumage est livide et son cri, déchirant :
Frappé d'un coup mortel, il retombe expirant.

Tous le veulent saisir, tous de leurs mains avides
Se penchent à la fois sur les vagues perfides,
Et le canot, chargé d'un poids mal réparti,
Entraîne en chavirant l'équipage englouti.

Remontés sur les flots, le trouble, l'épouvante
Réveillent une ardeur que le péril augmente.
Le canot, par leurs soins, dans ses flancs submergés
Offre encore un asile aux pauvres naufragés.
Mais bientôt du soleil la chaleur accablante
Épanche ses rayons sur leur tête brûlante.
Contre un danger fatal qui peut les secourir?
Jeunes infortunés, il vous faudra mourir !.....

Sous un faible transport, sans plainte, sans délire,
A leurs tristes regards un jeune mousse expire.
Pauvre enfant, à la peine en naissant élevé,
A l'amour d'une mère à jamais enlevé !
Dans le canot rempli, la vague impitoyable
Ne leur promet, hélas! qu'une mort effroyable.
S'abandonnant au flot qui le couvre à demi,
L'un d'eux cesse de vivre aux pieds de son ami.
Victor, le bon Victor, est frappé le troisième.
Il invoque le ciel, il songe à ceux qu'il aime,

Et penchant avec calme un front embarrassé,
Rend le dernier soupir sur son ami glacé.

Un jeune homme survit à ces drames funèbres.
Accablé de douleur, au milieu des ténèbres,
Il appelle, il invoque un secours impuissant :
Le tumulte des flots répond en mugissant.
Appliqué sans relâche, en cette nuit profonde,
A ravir un cadavre aux injures de l'onde,
Aux efforts redoublés d'un courage inoui,
Il frissonne, il chancelle et tombe évanoui.

Le jour vient éclairer l'immense solitude,

Que du navire encor s'accroît l'inquiétude.

Dans un léger canot, par ses ordres armé,

S'élance du *Médoc* le second alarmé.

Sa vigilante ardeur sur les eaux suspendue,

D'un horizon lointain embrasse l'étendue.

Pendant que rien ne s'offre à ses regards surpris,

Tout à coup son oreille entend de faibles cris.

Ranimant du canot la course diligente

Vers le point où se montre une image affligeante,

Il arrive, il gémit : il a vu cette fois,

Les corps inanimés, le jeune homme sans voix.

Par les soins assidus que son état inspire

Le novice affaibli peut revoir le navire

Et, devenu l'objet de secours empressés,

Leur dire en sanglotant les désastres passés.

Des matelots en pleurs les mains compatissantes

Ont orné les cercueils de croix resplendissantes,

Et chacun se prépare, en ce funeste jour,

     e cortége au paisible séjour.

Sur de nombreux canots dont se couvre la rade,
S'empressent des marins de tout rang, de tout grade.
Tous, bientôt avertis du sinistre fatal,
De la marche funèbre attendent le signal.
Au milieu des regrets qu'on se plaît à redire,
Couvert du pavillon qui flotte à son navire,
De l'équipage en deuil lentement remorqué,
Repose de Victor le cercueil embarqué.
Déplorant d'un ami la perte irréparable,
Le second du *Médoc* s'avance inconsolable.
Après d'autres cercueils, et seul au premier rang,
Paraît du *Cassini* le noble commandant.
Les pavillons ornés de couleurs éclatantes,
Inclinent sur les eaux leurs bordures flottantes;
L'air est pur, la mer calme, et les feux du soleil
Éclairent du convoi l'imposant appareil.
Aux mouvements égaux d'une lente cadence,
Sur les flots apaisés l'aviron se balance;
On dirait qu'en ce jour, par un touchant accueil,
La nature se prête aux images de deuil.
Cependant la flottille aborde le rivage.
La foule grossissant s'incline à leur passage;
Elle suit, recueillie et l'esprit affligé,
Le convoi que précède un auguste clergé.

Unissant leur tristesse aux hymnes du cortége,
Tous élèvent leurs cœurs à ce Dieu qui protége,
Et tous agenouillés au moment solennel,
Appellent sur les morts le repos éternel.

ÉPILOGUE

Les chants religieux, de leurs notes plaintives,
Ajoutent de l'éclat aux pages fugitives
Que mes tremblantes mains ont voulu rassembler.
Puissent de mon récit ces fleurs décolorées
Calmer le désespoir de mères éplorées
    Qui ne peuvent se consoler.

Successeur de Victor et son ami fidèle,
Vous dont les tendres soins, l'infatigable zèle
Surmontent de périls le concours infini,
En livrant un cercueil à ma vive tendresse,
Vous avez de mes jours adouci la tristesse :
    Capitaine, soyez béni.

Et toi, dont le malheur brisa la destinée,
Alors que tu rêvais un heureux hyménée,
Que ta sœur languissante expirait à mes yeux,
Cher Victor, digne objet d'une pensée amère,
Revis dans ces accents que la douleur d'un père
    Veut consacrer à ses adieux !

AD. D'ÉTROYAT.

10397 — Nantes, Imp. Charpentier, rue de la Fosse, 52.